Género Ficción realista

I0902690

Pregunta esencial
¿Cómo nos afecta el tiempo?

LLUVIA, FLORES Y AMIGOS

Donna Loughran
ilustrado por Colleen Madden

Capítulo 1

Dina conoce al abuelo

—¡Abuelo! ¿Dónde estás? —llamaban Sonia y Miguel—. Trajimos una amiga.

—¡Acá! —dijo el abuelo—. ¡En el cuarto del fondo!

A Miguel y a Sonia les encantaba el cuarto del fondo en la casa del abuelo. Tenía ventanas en tres paredes: ¡el triple de luz! Incluso en un día nublado como este, el cuarto estaba completamente iluminado.

Detective del lenguaje	¿Cuál es el sujeto de la oración subrayada?

—Abuelo, te presento a nuestra nueva amiga —dijo Sonia—. Se llama Dina. Su familia acaba de mudarse al vecindario. Vienen de otro país.

El abuelo miró a Dina y le sonrió. Dina era muy tímida y se quedó callada.

—Mucho gusto, Dina —dijo el abuelo.

Dina solo se sonrojó y movió la cabeza.

Capítulo 2

Las plantas del abuelo

Miguel vio unas plantas muy verdes con unas pequeñas flores amarillas. Tocó una y su dedo se llenó de un polvillo amarillo.

—¿Qué flores son estas? —le preguntó Miguel al abuelo.

—Esa es una planta de tomates —le respondió el abuelo—. De cada flor, crecerá un tomate. Pregúntale a Sonia. Todos los años, en verano y en otoño, Sonia me ayuda a recoger tomates en el campo. En unas semanas, ya tendremos muchos tomates listos para cosechar. Ahora tengo una pregunta para ustedes. ¿Sabían que el tomate viene de América del Sur?

—¡Como nuestra familia! —comentó Sonia—. Escribí un cuento sobre eso en la escuela.

Capítulo 3

Se desata la tormenta

De pronto, un rayo atravesó el cielo. Se fue la luz. Los truenos rugían como leones. Los niños saltaron y gritaron asustados. Sobre el tejado se oía el repiqueteo de la lluvia como pasitos de danza.

—Estoy seguro de que la luz volverá enseguida —los tranquilizó el abuelo.

El abuelo repartió linternas para todos, y los niños jugaron a ser exploradores.

Sonia y Dina caminaron por un pasillo oscuro, y Miguel caminó por otro. Todo se veía muy raro bajo las luces de las linternas.

—¿Qué es eso? —preguntó Dina. Era una planta enorme que parecía un animal salvaje.

—¡Grrrr! —rugió Miguel, que estaba escondido detrás de otra planta.

Las niñas brincaron del susto.

—¡Sabía que harías eso, Miguel! —dijo Sonia.

Capítulo 4

Más flores

—¡Niños! ¿Dónde están? ¡Vengan! —los llamó el abuelo—. Necesito que me ayuden.

Miguel, Sonia y Dina se volvieron a reunir con el abuelo. Él había puesto unos faroles para iluminar el cuarto.

—Quiero trasplantar estos tulipanes para obtener más flores. ¿Les gustaría ayudarme y aprender? —preguntó el abuelo.

Detective del lenguaje

¿Cuál es el sujeto de la oración subrayada?

—¡Son hermosos! —dijo Sonia—. ¿Los tulipanes también son de América del Sur?

—No. Los tulipanes son de un país que se llama Turquía —respondió el abuelo.

Dina sonrió y comentó:

—Turquía queda cerca de Grecia. Mi familia es de Grecia.

Había sido una tarde diferente para Dina. Se sentía cómoda y contenta, y el abuelo le parecía una persona espléndida.

—¿Todas las plantas de su jardín son de lugares lejanos? —le preguntó Dina al abuelo.

—No —respondió el abuelo haciendo un guiño—. Pero hasta las plantas de lugares lejanos se sienten como en casa aquí...

—¡Como nosotros! —dijeron Sonia, Miguel y Dina a la vez.

En ese momento, volvió la luz.

—Creo que esa es la señal de que es hora de cenar —dijo el abuelo.

Respuesta a la lectura

Volver a contar

Vuelve a contar *Lluvia, flores y amigos* con tus propias palabras.

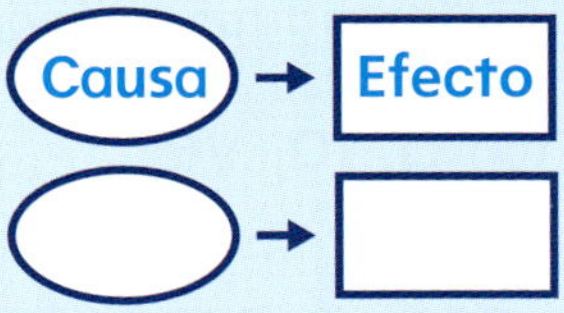

Evidencia en el texto

1. ¿Qué causó que se fuera la luz? Causa y efecto
2. ¿Por qué al principio del cuento Dina es tímida? ¿Por qué al final deja su timidez? Causa y efecto
3. ¿Cómo sabes que *Lluvia, flores y amigos* es un cuento de ficción realista? Género

Género No ficción

Compara los textos

Lee más sobre cómo nos afecta el tiempo.

¡Lluvia!

¿Qué hacemos para no mojarnos cuando llueve? Lo principal es ponernos impermeable, botas de lluvia, etcétera. También usamos paraguas.

Casas especiales

Hay lugares donde llueve casi todo el año. Por eso, la gente construye casas elevadas sobre un armazón de estacas. Esas casas no se inundan.

Botes por la calle

En algunos lugares, llueve tanto que la gente usa botes para ir de un lado a otro.

¿Qué harías para no mojarte si vivieras en un lugar así?

Haz conexiones

Mira ambas selecciones. ¿Qué hace la gente cuando llueve? **El texto y otros textos**

Enfoque: Ciencias

Propósito Aprender qué efecto tienen el calor y el agua en las plantas

Paso a paso

Paso 1 Coloca en una ventana dos macetas con pasto.

Paso 2 Durante cinco días, riega una de las macetas. No riegues la otra maceta.

Paso 3 Cada día, escribe o dibuja los cambios que ves en el pasto.

Conclusión ¿Qué pasó con el pasto que no regaste? ¿Por qué?